MENTALIDAD

Mis Técnicas Favoritas Para Crear Una Mentalidad De Abundancia

---

Uinic T. Cervantes

Lo Mejor De Los *Whatsappazos Millonarios* Vol. 1

Título: MENTALIDAD

Subtítulo: Mis técnicas favoritas para crear una mentalidad de abundancia

Colección: Lo mejor de los *Whatsappazos Millonarios*

Volumen: Uno

2016 ©, Uinic T. Cervantes. Todos los derechos reservados

2016 ©, De los textos y audios: Uinic T. Cervantes

Ilustración de portada: Alberto González

Edición: Ximena Sánchez

1° edición

ÍNDICE

DEDICATORIA Y AGRADECIMIENTOS

Este libro se lo dedico en particular a dos grupos de personas:

El primero son todas aquellas personas que me escuchan, me leen, me ven en mis videos y me siguen por todos los medios posibles. Agradezco especialmente a todos aquellos que interactúan un poco más ya sea comentando o compartiendo mis contenidos para poder llegar a más personas y a los que me retroalimentan para mejorar cada día.

Si eres parte de este grupo, GRACIAS, ya que me inspiras día con día.

El segundo grupo de personas son todos los que colaboran conmigo para que esto sea una realidad; a saber y sin algún orden específico: Edwin Moran, Claudia Fernández, Ximena Sánchez, Jaime Gómez, Alberto González, Daniel Serrano, Imelda Valencia; así como a mis mentores y aliados: Mario Esquivel, Helio Laguna, Arturo Hernández, Edmundo Velasco, Mario Corona, Gabriel Blanco, Ricardo Guízar y varios más autores, instructores y coaches que me han inspirado para crear mi propia filosofía de vida.

Si eres parte de este grupo, GRACIAS, ya que por ti soy más grande.

NOTA DEL AUTOR

En abril de 2015 inicié con el envío de audios diarios de manera gratuita a una lista de difusión en *WhatsApp* que denominé *El Whatsappazo Millonario*. Mismo que hasta la fecha sigo y seguiré haciendo mientras tenga quien me quiera escuchar.

La intención de enviar estos *Whatsappazos Millonarios* es y siempre ha sido compartir mi filosofía, experiencia y opiniones sobre temas referentes a la generación de riqueza y abundancia sin afán de imponerlas como la única verdad sino con el fin de enriquecer la vida, sobretodo, de quien los recibe.

En general hablo acerca de mentalidad de abundancia, mentalidad empresarial, libertad financiera, retiro millonario, finanzas personales, liderazgo, negocios, marketing y ventas, administración del tiempo, cómo salir de deudas, cómo llevar una vida más simple, abundante y feliz... entre otras tantas cosas.

Al momento de escribir este libro se han enviado varias decenas de audios de los cuales pretendo seleccionar los mejores, agruparlos y editarlos de tal manera que pueda extraer la esencia pura de lo que comparto día con día para convertirla en libros, de fácil comprensión y lectura, pero de profunda enseñanza.

Dicho esto, entiendo y acepto la responsabilidad que tengo al compartir estas enseñanzas contigo. Por ello es de gran importancia para mí seleccionar, cambiar o eliminar algunas palabras de los audios al momento de su transcripción porque son tan poderosas que pueden crear o destruir tu realidad y la mía. Ten pues plena confianza, querido lector y querida lectora, de que lo que encontrarás en esta colección de **Lo Mejor De Los** *Whatsappazos Millonarios* de **Uinic Cervantes** será conscientemente seleccionado para ayudarte a crear una realidad de riqueza y abundancia en tu vida.

Con cariño, el autor, **Uinic Cervantes**

INTRODUCCIÓN

Bueeeeeenos Días con alegría, te saluda tu amigo Uinic Cervantes....y en tu *Whatsappazo Millonario* de hoy...

Ups, este no es un *Whatsappazo Millonario* :-)

Si te llegan mis audios diarios a tu *WhatsApp* seguramente habrás reconocido mí saludo *whatsappero* y si no lo reconociste es porque aún no te llegan mis audios, entra a <u>este enlace</u> y SUSCRÍBETE YA para que no te los vuelvas a perder: <u>http://bit.ly/ListaWhatsapp</u>.

Ahora sí, redactemos una introducción más o menos interesante :)

Realmente estoy muy emocionado de compartir contigo este libro que estás por iniciar el día de hoy. Éste libro es el inicio de la serie: *LO MEJOR DE LOS WHATSAPPAZOS MILLONARIOS de Uinic Cervantes*. Y con esta primera entrega te traigo un compendio de todos mis mejores audios referentes al tema MENTALIDAD DE ABUNDANCIA compartidos en los *Whatsappazos Millonarios*.

Aquí encontrarás varias ideas propias así como extractos de libros y filosofías de distintos autores y alguna que otra técnica breve pero poderosa para hacer un cambio radical de tus pensamientos raíz y con ello en tu mentalidad y realidad actual.

Partiendo de la idea de que existen 4 niveles de creación, a saber:

- Pensamientos
- Sentimientos
- Palabras
- Acciones

Y tomando en cuenta que los pensamientos y los sentimientos son los niveles máximos de creación, es ahí donde radica la importancia de trabajar con la mente. Por eso esta primera entrega nos habla de MENTALIDAD DE ABUNDANCIA.

En cada uno de los capítulos te voy a dejar idea y técnicas simples para cambiar tus pensamientos y tu nivel de consciencia del mundo.

Espero lo disfrutes así como yo disfruté escribiendo.

¡ATENCIÓN: PIDE TU REGALO!

Lee el índice, busca 3 o 4 títulos interesantes, ve a leerlos y cuanto antes regresa a *Amazon* a dejarme tu reseña y un comentario sobre alguno de los capítulos de este libro para que otros puedan saber en qué les va a ayudar leerlo.

Al hacerlo toma una foto y mándala al teléfono del *Whatsappazo Millonario de Uinic Cervantes* para darte un **regalo especial** sólo por haberlo leído ;-)

Si estás leyendo la versión impresa mándame un *WhatsApp* o *inbox* diciéndome lo que más te gustó de este libro y tendrás también tu **regalo especial**.

Así pues, sin más preámbulo, te dejo con el libro... que lo disfrutes :-)

TODO LO QUE TE PASA, TÚ LO PLANEASTE

Todo, absolutamente todo lo que te está pasando en tu vida, tú lo planeaste, y no fue de manera consciente, sino que lo planeaste de manera inconsciente. No me quiero meter en muchos detalles y sé que algunos no lo entenderán o aceptarán pero eso poco importa. Tampoco importa si hoy te cabe en el consciente o no; te lo digo con todo cariño y confianza de que te va a funcionar.

Lo que quiero que entiendas es que todo lo que te pasa el día de hoy, todo absolutamente todo, **tú lo planeaste**, y fue con un fin específico, con una meta muy particular. Así que antes de estar tratando de descubrir el por qué te pasa cierta situación, mejor descubre para que lo planeaste; para que planeaste estar en una quiebra financiera, en una quiebra emocional, para que planee a mis 30 años no tener un negocio propio, para que planee divorciarme, etc.

Cualquier cosa que tu pienses que te está afectando o te afectó en tu vida, mejor ponte a pensar para que la planeaste, y con ese pensamiento en tu mente, con ese pensamiento en tu corazón encuentra el aprendizaje, el porqué, y veras que es algo muy liberador hacerte cargo de eso sin culpas, sin peso y sin remordimiento.

Una vez que descubres la razón de lo que te está pasando, la razón de que tu planearas que ESO pasará en tu vida, entonces estás listo o lista para evolucionar al siguiente nivel.

NO TE OBSESIONES CON EL RESULTADO

Al decir que no te obsesiones con el resultado no confundas con que no tengas metas o que seas apático o que dejes las cosas a la desidia. Lo que quiero decir es que te pongas una meta, la más grande, la más alta que tú quieras, y te pongas a trabajar para conseguirla.

En el inter, mientras estás trabajando por conseguir esa meta más grande, vas a ir consiguiendo pequeñas metas, pero, **aquí es donde entra la magia**. Porque cuando tú vas consiguiendo esos pequeños resultados, como los ves pequeños, y ves muy lejana la meta grande, es muy probable y normal que empieces a frustrarte y desesperarte porque te está tomando mucho tiempo y no alcanzas tu sueño más grande y eso genera más frustración y desesperación. Vas a sentir que no avanzas y que no llegas a ningún lado y muchas veces puedes acabar por abandonar el sueño grande y conformarte con lograr puros pequeños sueños.

Qué es lo que pasa con esto, lo que te digo es que no te obsesiones con el resultado. Ponte una meta grande, trabaja por ella, por ese gran sueño y simplemente **desapégate** del resultado. Si tú ya sabes lo que tienes que hacer para llegar a tu meta, entonces ponte a trabajar todos los días, pero olvídate del resultado final, no pienses que lo vas a obtener de un día para otro, no pienses que va a ser simplemente por arte de magia, más bien, ponte a trabajar todos los días en ello y disfruta cada momento, cada peldaño que vas subiendo, cada escalón que vas ascendiendo; y sobretodo gózalo, agradécelo y ámalo.

Cuando tú vives en constante agradecimiento, en constante amor y sientes disfrutando y celebrando ese progreso que vas teniendo, la meta más grande se va a manifestar cuando menos te lo esperas, pero eso solo va a pasar si te *desapegas*, si dejas de obsesionarte y simplemente haces lo que tienes que hacer.

LA LEY DE MENTALISMO

Es el principio de que todo es mente, y esto va muy de la mano con la ley de atracción, son prácticamente lo mismo y quiero que lo puedas entender y manejar a tu favor, en tu beneficio. Lo que quiere decir es que **todo lo que tu pienses, absolutamente todo, ya está creado**; para que se manifieste puede que tarde un poco, dependiendo del nivel de evolución y de la certeza con que lo pienses; depende de la emoción que le pongas cuando lo piensas, de la claridad mental que tengas cuando lo estés pensando y de la constancia con que lo pienses. Si es un deseo grande, a lo mejor necesitas pensarlo más veces, con más certeza, con mayor emoción antes de que se empiece a manifestar. A lo mejor necesitas liberarte del estrés, liberarte de la confusión, del miedo antes de que se empiece a manifestar.

Todo lo que piensas ya se está creando en un nivel de vibración mayor al que estás viviendo el día de hoy, por eso todavía no lo ves; y aquí quiero dejarte algo muy claro: en la era en la que estamos viviendo, **las cosas se manifiestan en cuestión de segundos**. Dime si no te ha pasado que piensas en alguien y te llama o manda mensaje en ese momento; o que se te antoja un café y alguien te lo invita o cualquier otra cosa que pensaste y a los pocos minutos se manifestó, eso es *la ley del mentalismo*.

Ahora, ¿por qué no pasa eso en tus finanzas?, porque no estás acostumbrado a eso, porque no piensas constantemente en la abundancia, porque nadie te educó para ello. En tu casa, con tus amigos y en la sociedad te educan para ser esclavo, para ser pobre. Te educan para trabajar para alguien más; nunca te educan para pensar en tu riqueza y en la abundancia, entonces, por eso debes de buscar tú mismo esta educación, la sabiduría universal, porque, si tu entiendes que todo es mente, dime si en algún momento vivirías en crisis o en carencia o en pobreza. Si tú dominas esta ley, si tú supieras que funciona tanto a favor como en contra, te prometo que todos los días estarías pensando de manera positiva.

TODO LO QUE PIENSAS SE MANIFIESTA

Cuando tú tienes un pensamiento negativo, como éste vibra a menor frecuencia que los pensamientos positivos, incluso a menor frecuencia que la "realidad" que estás viviendo el día de hoy; tarda menos en manifestarse que los pensamientos positivos. Entonces, **si tú tienes un pensamiento negativo y no quieres que se manifieste de inmediato, la manera de cancelarlo es que tengas al menos 7 pensamientos positivos** por cada pensamiento negativo que hayas tenido. Puedes necesitar menos dependiendo del nivel de certeza con la que hayas hecho los pensamientos positivos y el pensamiento negativo.

Por esta razón, procura tener siempre tu mente en positivo, procura siempre alejar los pensamientos negativos o cancelarlos con ésta técnica. Descúbrete y atrápate teniendo estos pensamientos y no dejes que vuelva a pasar. Es muy fácil estar en el día a día y ver que alguien se te atravesó en el tráfico e hizo que te enojaras y pensaras incluso en decirle cosas por la ventana de tu coche; o es muy fácil estar en tu trabajo y que tu jefe te está diciendo cosas muy feas, y tu decirle cosas peores de regreso, aunque sea con el pensamiento. **Es muy fácil pensarlo y creer que no pasa nada; pero si pasa**, y si piensas que hay pobreza, carencia, si piensas que las sociedades de negocios no son buenas, si piensas que para crecer en los negocios tienes que "aplastar" al otro, si piensas que para tu subir alguien más tiene que bajar, que para ganar alguien tiene que perder; si tienes este tipo de pensamientos, eso es lo que se va a presentar en tu vida. Si en las relaciones amorosas piensas que todos los hombres o mujeres son iguales, entonces te van a tocar puros hombres o mujeres iguales. Debes tener mucho cuidado con lo que piensas porque eso es lo que se va a manifestar. Tal vez como no lo tienes practicado y dominado, no se manifiesta tan rápido, y a lo mejor no lo crees, pero no importa si lo crees o no; te reto a que te atrevas a probar esta ley, y cuando la entiendas y la utilices a tu favor, cosas increíbles van a pasar y vas a estar a kilómetros de distancia de la situación que estás viviendo el día de hoy.

QUE LO NORMAL PARA TI SEA LO MEJOR

En alguna ocasión comprando un café en una tienda de mi ciudad me di cuenta de algo interesante. Llegué y saludé a la persona que estaba atendiendo con mi habitual energía: "¡Hola buenos días!", y la chica me contestó de una manera muy simple: "Buenos días", sin la energía que yo esperaba, sin la sonrisa que uno espera cuando estas iniciando tu día, o de alguien que le gusta lo que hace. Le pregunté a la chica porque no sonreía, y ella dijo que si sonreía, le pregunté si estaba triste, enojada o aburrida; a lo que ella contestó que estaba "normal". Después de esta respuesta me quede callado, pagué y le desee un bonito día. Al salir del lugar me quedé pensando en su concepto de "normal", porque el simple hecho de llegar y decirle "Hola, ¿cómo estás?, ¡buenos días con alegría!" es normal para mí porque usualmente tengo un nivel de energía alto y positivo, y también es normal para mí que las personas a quienes saludo me contesten de la misma manera. Aquí es donde está la reflexión, **quiero que pienses en lo que es normal para ti en tu mundo,** cada persona tiene un mundo diferente y eso hay que respetarlo.

Lo que te quiero invitar es que tu mundo lo crees de pensamientos positivos, de pensamientos de abundancia y que te rodees de personas que sienten y vibran igual que tú. Rodéate de gente millonaria, rodéate de gente abundante, rodéate de personas que constantemente quieran ayudar a otros, que estén buscando estar en sintonía con las más altas energías. No te rodees de personas que no sean agradecidas, que busquen afectar a los demás para buscar su propio beneficio, personas que todo lo miden con base en el dinero o en su costo. No te rodees de esas personas, porque tu nivel de vibración va a caer.

Recuerda, **que lo normal para ti sea lo mejor**, que sea lo más grande. Que tu nivel de "normal" sea muy alto para otras personas. Ni siquiera te midas con otras personas, simplemente vibra más alto, piensa más alto, siente más alto de lo que haces el día de hoy y veras que lo mejor va a empezar a llegar a tu vida.

CUIDA LO QUE ENTRA POR TUS SENTIDOS

Ten mucho cuidado con lo que metes por todos tus sentidos porque esto puede ser usado en tu contra o en tu beneficio. Entonces ten mucho cuidado con lo que escuchas, con las personas que te rodeas, con la energía de los que te rodean porque todo eso se va almacenando en tu sistema de creencias, se almacena en tu subconsciente, se almacena en tus emociones y se queda *anclado* todo aquello que está entrando por tus sentidos. Si de pequeño escuchabas que el dinero no se daba en los árboles, que el dinero es difícil de conseguir, que para vivir bien tienes que trabajar mucho, que el trabajo duro es lo único que te remunera, etc. Eso es lo que no te deja crecer. Así que ten cuidado con todo lo que metes por tus sentidos.

En uno de mis entrenamientos donde te enseño ventas de alto valor, me doy cuenta cuando alguien está muy *anclado* con su sistema de creencias limitantes, porque no importa que la gente se capacite en técnicas de alto valor, no importa si se demuestra en vivo mientras ves, escuchas y sientes como alguien puede ganar miles de dólares en poco tiempo, porque si la persona tiene muy *ancladas* estas creencias limitantes y no puede soltarlas, no va a poder tener un cambio hasta que rompa con esas creencias.

Entonces, si tú ya estás trabajando activamente en tu sistema de creencias, ya estás trabajando activamente en aprender a ganar dinero en menos tiempo, y también estás trabajando activamente en tu libertad financiera, solo ten cuidado con lo que metes por tus sentidos a partir de ahora, y me refiero a todo lo que te rodea, incluidas las personas, porque influyen en tu sistema de creencias. Te invito a que constantemente estés aprendiendo cosas nuevas encaminadas a cómo hacer las cosas, como ser más productivo o productiva en lo que estás haciendo, pero también **te invito a que busques algo que te mantenga energéticamente equilibrado, para que estés soltando lo que no te sirve (hablando de creencias) y podrás romper esas creencias limitantes.**

LAS 4 DIMENSIONES DEL ÉXITO

DIMENSIÓN FÍSICA

Se ha dicho mucho de esta dimensión, hablando de todas las dimensiones, que no es la más importante, que todo lo demás se gesta en la mente, en el espíritu, en las emociones, etc. Pero vaya que es importante. Para empezar porque es parte de un todo y debemos ponerle atención.

Recuerda el dicho: "Mente sana en cuerpo sano", y es importante que entiendas esta premisa y que atiendas la dimensión física de tu éxito empezando por ti, por tu cuerpo, empezando por ese templo sagrado que tienes, esa máquina perfecta que te lleva a todos los días, y que muchas veces no lo respetas o lo honras como debieras.

Ya sabes lo que debes hacer. Simplemente pon atención a tu alimentación, el ejercicio, el descanso, el nivel estrés que puedas manejar ya que todo esto va en repercusión de tu salud física. Y aquí vamos a seguir otra premisa que manejo en mis entrenamientos, y es "**Cuida el viejito que serás**" y esto quiere decir que lo que hagas el día de hoy, si tú te alimentas mal, si tú te desvelas, te estresas demasiado, trabajas demasiado, si no haces deporte, si no te alimentas bien; posiblemente ahorita no lo notes, pero cuando tengas una edad más avanzada, tu cuerpo ya no te va a responder como quisieras, por eso debes de poner atención desde hoy para que cuidar ese viejito que serás.

Fisiológicamente nuestro cuerpo está diseñado para vivir cientos de años, pero nuestros hábitos y creencias generalizadas han hecho que creamos lo contrario y por ende que se manifieste. Lo que quiere decir es que con la atención y la mentalidad adecuadas, tu cuerpo puede vivir mucho tiempo en óptimas condiciones. Lo creas o no, ¿por qué no intentarlo?

DIMENSIÓN MENTAL CONSCIENTE

Esta dimensión está en el mundo de la mente. Ya hemos platicado que los pensamientos que tienes crean tu realidad, pero en esta ocasión te hablaré desde la perspectiva de la educación. Si tú has leído mi libro o me escuchas en el *Whatsappazo Millonario* o conoces libros de finanzas, negocios y demás; entonces ya tienes suficiente información financiera. Tal vez hasta tu mente está sobre educada porque ya sabes que tienes que crear otras fuentes de ingreso, ya sabes que tienes que sistematizar tus fuentes de ingreso si quieres tener libertad financiera, ya sabes muchas cosas, pero no lo haces.

El que no te estén funcionando las cosas para lograr tu libertad financiera es porque la información que estás adquiriendo no es la correcta, te estás educando, a lo mejor, para una forma de vida que no va con tu perfil de emprendedor, o con tus objetivos o tus metas, tal vez no conecta con tu misión de vida. Si estás haciendo esto, entonces cambia inmediatamente, busca algo en específico. El problema con las personas que estudian mucho sobre inteligencia financiera es que se *engolosinan*, es decir, se emocionan tanto con la información que empiezan a buscar de muchos autores y teorías diferentes, y a la hora de aplicarlos no saben por dónde empezar, se abruman, y solo se quedan con un simple "sí se puede, pero no sé cómo".

Yo lo que te quiero decir es que te enfoques en una teoría, sigue una disciplina, aplícala y domínala antes de pasar a la siguiente. Ve paso a paso, no quieras hacer todo al mismo tiempo. Si es el caso de que la información que estás recibiendo no es la adecuada, te invito a que te conozcas, a que sepas quien eres, a que sepas cuál es tu perfil de inversionista, tu perfil de dueño de negocio, saber si estás diseñado para ser auto empleado, inversionista, empresario o empleado; pero debes hacerlo de manera consciente y constante.

DIMENSIÓN MENTAL INCONSCIENTE

En esta dimensión es donde están tus creencias, donde están tus paradigmas y esto realmente es lo que controla el 80% de tus resultados, entonces **es mucho más importante trabajar con tu sistema de creencias que con la información teórica de los libros que lees, de los audios que escuchas y de los cursos que tomas.**

Vamos a suponer que tú has iniciado muchos negocios durante mucho tiempo, a lo mejor levantan un poco, pero siempre terminan fracasando. Aquí no tiene tanto que ver con la técnica, sino con tu sistema de creencias, con aquello que tienes *anclado* en tu cerebro, en tu inconsciente, y es lo que está determinando el éxito o fracaso de tus negocios. A lo mejor cuando estás a punto de despegar o pasar al segundo nivel, algo sucede que hace que pierdas los negocios, los contactos, los contratos que te iban a hacer saltar a tu siguiente nivel, y eso es por tu programación subconsciente que traes. Yo te voy a decir una técnica muy rápida para que puedas hacer esa programación que tomé del libro "Los secretos de la mente millonaria", una técnica que me gusta mucho porque es sencilla, práctica y en 5 pasos. Lo mejor que puedes hacer es buscar un coach en programación neurolingüística, es lo mejor que yo he encontrado para trabajar con el sistema de creencias, y de ahí, si empiezas a encontrar más técnicas, sigue probando hasta que encuentres lo que es mejor para ti.

Aquí te dejo la técnica:

1. **Identifica la creencia limitante que quieres cambiar**: una de las creencias limitantes que yo tenía era la del "despojo", cada que ganaba dinero iba para alguien más y no para mí. Lo que esta creencia logro en mi es un estado de pobreza y escasez.
2. **Hazla consciente**: Descubre cuánto daño te ha hecho, cuánto has perdido por tener esa creencia activa en tu sistema de creencias.
3. **Disocia**: Esto es quitarle el poder, darte cuenta que realmente esa creencia no te define, que tú eres más fuerte que ella.
4. **Elige una nueva creencia**: Busca cual creencia nueva puede sustituir la que ya tienes. Por ejemplo, si es en sentido de carencia, una creencia nueva sería la abundancia, el pagarte a ti mismo primero, etc.
5. **Reprograma**: necesitas "reprogramar" tu cerebro con esta nueva creencia, y esto lo vas a lograr por medio de las afirmaciones, las visualizaciones y todo lo que ya sabes crear tu realidad.

DIMENSIÓN EMOCIONAL

El factor emocional es importantísimo en tu desarrollo, en tu éxito y camino hacia la abundancia. Cómo te ha afectado hasta el día de hoy no haber desarrollado una inteligencia emocional óptima. Tal vez te ha tocado que estás con tu pareja o un familiar y de repente se molestan o enojan por algo, y tu uno de los dos explota y empiezan a decir cosas que después tal vez se arrepienten, y eso no crea una relación estable o sana. Lo que pasa es que, en la mayoría de los casos, ninguna de las dos personas tiene inteligencia emocional óptima. Lo que pasa es que **una emoción no expresada es como una pelota que tienes debajo del agua.** Cuando tú tienes una emoción "debajo del agua" y la quieres retener, puede llegar el punto en el que salga al exterior "salpicando" a todo el mundo.

Tal como el ejemplo de la pelota es como funciona una emoción reprimida, si tú no tienes esa inteligencia emocional para ir soltando e ir sacando esas emociones guardadas, porque el hecho de que explotaras en este pequeño ejemplo que te puse, el hecho que explotaras con esa persona que querías, no fue porque esa emoción era muy grande, sino porque hay un cúmulo de emociones que no sueltas, de emociones negativas que te guardas, y se van acumulando hasta que no tiene más escapatoria y explota. Y esto te puede afectar en los negocios, no solamente en las relaciones sociales, sino que te afecta completamente en todos los aspectos de tu vida. Tienes que estar vibrando siempre con energías positivas para atraer la abundancia, todas estas emociones negativas van completamente en contra de la abundancia, y eso es lo que te está alejando de recibir esa riqueza que estás buscando.

Te comparto dos técnicas muy fáciles de hacer para desarrollar una inteligencia emocional óptima: la primera es que, cuando estés a punto de explotar o decir algo con la emoción muy elevada, aplica la ley de los 10 segundos; es esperar 10 segundos para hablar. **Si hablas antes de los 10 segundos, lo más probable es que digas algo de lo que después te arrepientas.** La segunda sugerencia es cambiar tus palabras, si traes la energía alta y el coraje está a flor de piel, los celos, la envidia; cambia tus palabras, utiliza palabras chistosas y veras que esto va a ser divertido y te va a bajar la energía negativa en un instante. Por ejemplo si le vas a decir algo a alguien que se te atravesó en el coche de manera imprudente, normalmente le dirías "Fíjate por donde caminas #!@*$&/", aplicando esta técnica puedes decirle "¡Ey! que tengas un hermoso día guapetón" o algo que te haga reír, pero **al cambiar las palabras lo que va a suceder es que tu estado de ánimo va a cambiar en un instante**, eso va a ayudar a mejorar tu inteligencia emocional y más adelante lo que vas a hacer es que esas emociones no te van a afectar y tu inteligencia emocional y madurez van a seguir evolucionando.

DIMENSIÓN ESPIRITUAL

Yo te puedo decir que tú ya has experimentado esta dimensión en su plenitud, tú ya has experimentado el mundo no material, no tangible; y has experimentado de una forma u otra que realmente esto es lo que define el rumbo de tu vida.

Si tú te pones a recordar alguna situación en la que simplemente no encontrabas la solución a un problema muy fuerte, y pensabas y pensabas, no dormías por estar buscando esa solución, por estar pensando en cómo salir de deuda, en cómo recuperar a una persona perdida, alguna situación complicada en tu vida que te quitaba el sueño, y que tu mente no te daba soluciones. Y de repente decidiste soltar, o no lo decidiste, pero tu cuerpo se cansó de tanta incongruencia y ansiedad y te tumbó en la cama; te dio una enfermedad a lo mejor no tan grave, pero tu cuerpo te puso un alto y te dijo "ya basta de pensar, es momento de sentir", y en esa soledad, en esa enfermedad, en esa recuperación de la enfermedad, tal vez te hizo reflexionar muchas cosas, entraste a un mundo mucho más profundo que el material, que lo tangible, y te prometo que en algún momento te *rendiste*, y por rendirte no me refiero a que lo abandonaste, sino que simplemente decidiste dejar de pensar y querer tener el control, y confiar simplemente en que las cosas iban a salir bien. Y es ahí cuando te empezaste a recuperar, cuando empezaste a encontrar respuestas para salir de una manera creativa de esos problemas, y ese es la experiencia espiritual a la que vienes tú.

Todos somos espíritus con experiencias humanas, con experiencias terrenales. Entonces la realidad es que nuestra esencia es que somos almas puras, seres espirituales conectadas la una con la otra, y lo que yo haga le va a afectar al otro. Cuando tú entiendes este concepto, cuando tú te centras en la infinita abundancia, en el universo, en la energía, en Dios, en lo que sea que tu creas; simplemente cuando sueltas y decides confiar, sentir, tener fe, vivir la vida, disfrutar, agradecer, perdonar, amar, etc. Cuando decides hacer eso, la vida realmente es un cuento de hadas, la vida realmente es algo fabuloso. Cuanto antes deja de tener pensamientos banales, deja de solo querer acumular riqueza material, deja esa ambición de simplemente tener más y más dinero. Deja que tu conciencia se abra y te dé la bienvenida a la abundancia.

Recuerda, todos somos uno y es preferible hacer el bien sin mirar a quien porque todo se te regresa. Haz las cosas con pasión, con fe en tus ideales, con esperanza en realizarlos y por amor a la humanidad. Cuando tú haces esto, un mundo de posibilidades se abren y las bendiciones llegan por donde menos esperas.

SI LO CREAS EN TU MENTE, SE MANIFIESTA

OBJETIVO CLARO

Lo que primero piensas, se va a manifestar en tu vida. Lo que tú ya tienes en tus manos, el celular que tienes, el carro que manejas, la casa en la que vives. Todo eso fue creado en la mente de alguien, tal vez la tuya, tal vez la de alguien más, pero primero fue creado en la mente de alguien y después se manifestó. Con esto ya nos damos cuenta de que tú necesitas primero crear en tu mente esa abundancia, esa riqueza, esa libertad financiera que estás buscando para que entonces se pueda manifestar en tu vida.

Para lograr esa riqueza, debes de saber bien qué es lo que quieres, para que lo quieras y cómo te va a hacer sentir cuando ya tengas eso que quieres. Esto es lo primero que necesitas para que se manifieste en tu vida, tener claro aquello que tienes.

El día de hoy tómate un tiempo para que estés contigo, toma una hoja de papel o tu cuaderno de notas para escribir lo que quieres lograr, en cuánto tiempo, y para qué lo quieres. Anota cómo te va a hacer sentir, anota como vas a vivir cuando tengas eso, si es una cantidad en efectivo anótala, si es algo material anótalo con precisión y con un tiempo para que lo cumplas. Recuerda que es importante escribir como te va a hacer sentir esa cosa que estás buscando.

CREENCIA TOTAL EN QUE LO VAS A CONSEGUIR

Para tener en tu vida todo lo que piensas, el primer paso fue tener tu objetivo muy claro y el segundo paso que tú necesitas para "Una creencia total de que lo vas a conseguir". **Esta creencia total la puedes ir desarrollando, no solamente pensando en que eres suficientemente bueno, sino también haciendo afirmaciones, practicando visualizaciones, elaborando un collage** para alimentar el lado derecho de tu cerebro. El hemisferio derecho de tu cerebro es el que necesita la creencia, la visualización, la creatividad te ayudará a mejorar esa creencia de que efectivamente puedes.

Si tú quieres acumular un millón de dólares, imprime un billete de un millón, imprime tu fotografía entregándote ese billete, ganándote ese billete o cheque y obsérvalo todos los días. Y no solo es observar, es creer y agradecer porque de verdad ya lo estas recibiendo, recuerda que tu cerebro no distingue entre realidad y fantasía. Si tú haces que el hemisferio derecho de tu cerebro visualice la imagen de que lo estas recibiendo, tu cerebro se lo va a creer y lo va a crear. Entonces haz todo lo que tengas que hacer para hacer visualizaciones, afirmaciones, collage, de lo que quieras lograr para decirle a tu cerebro que lo vas a lograr y estás listo para tenerlo, y alimenta esa creencia total de que lo vas a conseguir. Si no tienes esta creencia, difícilmente lo vas a lograr.

CUIDA TU DIÁLOGO INTERNO Y EXTERNO

Al hablar de cuidar tu diálogo interno y externo, me refiero a que cuides la vocecita que te está hablando constantemente, ese otro yo que tienes por ahí en tu cabeza, que tienes por ahí en tu cerebro, que te está hablando constantemente; la mayoría de las personas lo tiene configurado con un lenguaje negativo, con un lenguaje limitante que te dice : "no, no puedes", "te va a pasar lo mismo de la otra vez", "otra vez vas a quebrar", "otra vez te van a defraudar", "otra vez vas a fracasar en el negocio, mejor no lo intentes", "es muy caro", "es muy pesado", "es que pagar tanto por un entrenamiento", etc. Y entonces empieza a escuchar muchos "peros", muchos "porque no" y dejas de escuchar los "porque sí".

Como la mayoría de las personas estamos acostumbrados durante toda la vida a escuchar más el "no" que él "sí", siempre gana el negativo, y por eso debes de cuidar mucho el diálogo interno que tienes. Obsérvate y descubre el diálogo que tienes contigo mismo. Si es un diálogo empoderador, sigue adelante. Si es un diálogo limitante, córtalo inmediatamente, dile a esa vocecita que se calle, dile a esa personita que se encuentra en tu cabeza que dice que no puedes "Cállate" y deja de escucharla.

Para que te puedas ayudar un poco más y que puedas fortalecer este diálogo interno, apóyate de tu diálogo externo. Una idea es escuchar mis *Whatsappazos Millonarios* porque hay una persona detrás del teléfono que todos los días te está diciendo que tú puedes, te está dando consejos y tips de cómo lograrlo. Así busca más personas que te guíen, que te apoyen. Dile a tu persona favorita que te hable 2, 3 o 5 veces al día y te diga "si se puede", que te apoye en la meta que estás consiguiendo. Si tú vas por un millón de dólares, dile que te hable y que te diga "Vas por ese millón, tú lo puedes conseguir" y pásate constantemente escuchando retroalimentaciones y voces empoderadoras.

OBLIGATE A GENERAR ESE RESULTADO

Aquí te dejo el cuarto paso para lograr que tus pensamientos se manifiesten. Ya vimos que tienes que tener un objetivo claro, tener la creencia total de que lo vas a lograr y convencerte a ti mismo por medio de tus diálogos internos y externos de que lo vas a lograr. Debes estar reprogramando tu mente constante y conscientemente. Ya estuvimos hablando del hemisferio derecho, de la parte creativa, de la parte mental y no tangible; ahora es momento de que pasemos a la parte tangible, a la parte de la acción, y vamos a atacar el hemisferio izquierdo. Si ya tienes la idea o ya sabes que quieres hacer, un bosquejo del plan, tienes que obligarte a ti mismo a llevarlo a cabo, obligarte a que esa meta no sea una opción. Para obligarte tienes que moverte hacia donde está lo que te va a hacer conseguirlo. Si tú ya sabes donde lo vas a conseguir, si sabes que para tener ese millón de dólares necesitas juntarte con personas millonarias, entonces ve e inscríbete a un club deportivo donde vayan puros millonarios, ve e inscríbete al club de golf, ve e inscríbete a grupos de networking donde vayan puros empresarios, busca asociaciones donde vayan filántropos. Ve y oblígate a generar ese resultado. Debes de mover tu vida, moverte tú y colocarte en donde esta lo que te va a llevar a ese resultado.

DISEÑA UN PLAN DE ACCIÓN DE 3 PASOS

Diseña un plan de acción rápido, un plan de acción breve y corto pero duradero. Sugiero que sea un plan de 3 pasos rápidos. Empiezas con el paso 1, después te vas al 2 pero mientras diseñas el paso 4; cuando termines el 2 ejecutas el 3, y diseñas un paso 5, cuando termines el 3 te vas al 4 y escribes un paso 6; y así sucesivamente. Siempre debes estar ejecutando uno y diseñando otro, para que tu plan de acción no sea estático sino que sea dinámico, y esto te va a ayudar a que continúes a través del tiempo.

Las acciones que debes de ejecutar, son acciones que sean cortas y breves en un inicio, que te muevan a la acción. Anteriormente te sugerí que te inscribieras a un grupo de networking, de un grupo empresarial, algún grupo altruista para que conozcas y te pongas en el medio donde están las persona que quieren acumular un millón de dólares como tú lo estás haciendo, suponiendo que esta fuera tu meta.

Un plan de acción corto, simple y duradero es la forma en la que vas a hacerlo, y para poderlo concluir, para poder llegar a tu meta lo único que necesitas es disciplina, enfoque y perseverancia. Esas son hábitos que no todas las personas tienen, que si tú lo logras ejecutar de esa manera vas a completar todos los objetivos que te propongas. No te distraigas con muchas cosas al mismo tiempo, sólo crea un plan de 3 pasos, no te distraigas con algo más y enfócate hasta que termines el primero y después pasa al segundo. Necesitas entender que no todo lo que vas a hacer te va a gustar, que no todo lo que tienes que hacer en tu plan de acción es lo más bonito, pero lo tienes que hacer porque te va a ayudar a conseguir tu meta.

LOS LÍMITES SON MENTALES

En uno de mis entrenamientos "Dominando El Juego Del Dinero" durante el entrenamiento en ventas, muchos de los asistentes no tenían conocimiento en ventas, o lo sabían de manera empírica, porque no habían estado en un entrenamiento dirigido a hacer dinero sin dinero, y aquí sucedió algo interesante. Algunas personas tuvieron el resultado de generar dinero de la nada, generar dinero sin dinero, y muchos de ellos sí hicieron dinero, mientras otros no hicieron dinero. Lo curioso es que las personas que no tenían nada que vender, hicieron más dinero de los que llevaban algo que vender. ¿Por qué?, simplemente porque las personas que llevaban algo que vender, en su mente llevaban una cantidad fija que alguien más había determinado, y por lo cual pensaron que eso sería lo máximo que podían generar de dinero, porque alguien más ya le había puesto un precio a lo que querían vender.

Tu hoy estas ganando no lo que tú quieres, sino lo que otros te programaron a creer que es lo que debes de ganar, lo que otros dicen que vale tu tiempo, tus conocimientos, tus servicios. Si tú quieres ganar más, necesitas romper esos límites mentales que tienes, esa cantidad fija, ese límite financiero que tienes en tu mente. Si quieres ganar más, necesitas creer primero que debes ganar más. Si no te la crees, **si no crees que lo que tú haces o lo que tu vendes vale más de lo que hoy estás ganando, entonces nunca vas a poder ganar más.**

Si tú ayudas a las personas entregando lo que tú sabes hacer, aquello para lo que tú eres muy bueno o muy buena, entonces te va a empezar a llegar el dinero. No te preocupes ahorita si no estás ganando lo que quieres, ocúpate de hacer ganar a más personas, ocúpate de

42

entregar el valor a más personas. No tengas miedo, no te limites, borra ese límite mental. Tu precio y tu valor no lo va a estipular un jefe, el mercado o tu competencia, nadie de ellos te va a decir cuánto vales, si debes de cobrar menos o más. La única persona responsable de eso eres TÚ. Lo único que debes de saber el día de hoy es enfocarte en saber tu valor y en que los demás sepan que ese valor que tú tienes es real.

EL DINERO TIENE SENTIMIENTOS

Un día estaba escuchando un comentario en Facebook que el dinero es cruel, que se va con las personas que más tienen y a los que más lo necesitan los abandona. Yo diría que el dinero tiene sentimientos, si lo podemos decir de una manera, "el dinero tiene su corazoncito", el dinero es como otro ser viviente. Imagínate si tú dijeras que tú no necesitas a tu esposa o a tu mamá, imagínate que te pases constantemente diciendo que tu mamá no es importante; va a llegar un punto en el que tu mamá no va a querer estar contigo porque simplemente siente y no le gusta tu rechazo. Eso mismo pasa con el dinero, si tú te la pasas diciendo que el dinero no es importante, que el dinero es sucio. Recuerda cómo te decían cuando eras niño, que no te metieras el dinero a la boca porque estaba sucio, que prefiero mi salud que el dinero o que el dinero no te da la felicidad; si esto es lo que piensas, entonces el dinero no se va a ir contigo porque va a pensar que no lo quieres, y entonces se va a alejar de ti cada día. No te estoy diciendo que el dinero es lo más importante, claro que no, el dinero es una consecuencia y tú debes de saber que si tu estás haciendo las cosas bien, ayudando a personas, creando proyectos con sentido y disfrutando el proceso, el dinero va a llegar a ti. Pero si dentro de lo que haces tienes la sensación de que el dinero es sucio, que corrompe a la gente, de que el dinero no es importante, entonces el dinero como también siente no va a querer estar contigo.

CONECTANDO CON MÍ ESPOSA

Cuando estaba en pleno apogeo de mi terror financiero, recuerdo una ocasión que necesitaba dinero para la comida del día. Al llegar a casa mi esposa me pidió dinero para comprar algo de despensa y le dije que no tenía dinero. Yo recuerdo que ya no le dije más, y que no lo dije en tono preocupado para que ella no se estresara de más, y recuerdo que ella me dijo "No te preocupes, ya llegará". Esas palabras de mi esposa me dieron tanta paz, tanta serenidad, tanta confianza, tanta fe. No te miento, que en ese momento mis cuentas estaban vacías, estaba hundido en deuda, en una etapa en donde era bastante pesado hablar de dinero para mí, era bastante pesado pensar en ahorrar, en invertir o en cualquier otro de los hábitos millonarios que debes de desarrollar; pero al escuchar decir eso a mi esposa me llenaron de tanta certeza, y fue tanta la conexión que ella y yo experimentamos en ese momento, que a las pocas horas, ya teníamos dinero en nuestras cuentas. No recuerdo bien de donde llegó, pero llegó más de lo que necesitábamos y fue algo increíble porque reafirmamos que **cuando tienes fe y certeza las cosas se manifiestan.** A partir de esos momentos hemos aprendido a confiar y a tener certeza que las cosas van a suceder para bien, y van a suceder de una manera inmediata. **Entre más certeza tengas y más convicción le pongas a tus deseos, más rápido se van a empezar a manifestar los resultados en tu vida.**

PIENSA EN TUS PENSAMIENTOS

¿A qué me refiero con esto?, bueno tú ya sabes esto: todo lo que tienes o haces el día de hoy viene de tu mente inconsciente, viene de tus pensamientos. Tus pensamientos crean tu realidad. Si al día de hoy estás viviendo una realidad financiera que no te agrada y quieres cambiar o estás viviendo un terror financiero, todo eso es precedido por tu acción y si tienes hábitos o acciones de pobreza, viene precedido por tus programas mentales, es decir, tus pensamientos que tienes en tu vida diaria. Entonces lo que tienes que hacer es "pensar en tus pensamientos", pensar constantemente en lo que estás pensando, y va a sonar como una redundancia, pero no lo es, **lo que quiero es que seas consciente de tus pensamientos.** Que antes de emitir un juicio, una palabra o un pensamiento debes de descubrir el momento justo en el que estás creando ese pensamiento y si es un pensamiento de pobreza quitarlo de tu vida, quitarlo de tu vocabulario para siempre porque eso es lo que te mantiene en esa pobreza en la que has estado viviendo. Tal vez no sea una pobreza extrema, pero si no eres libre, si tienes que ir a trabajar y ganarte el pan cada día o trabajar para alguien más, entonces no estás viviendo tu libertad financiera y estoy seguro que no es lo que quieres para toda tu vida.

Ten una lista a la mano de pensamientos de riqueza, de frases que te empoderen y te hagan sentir abundante y millonario, y es un trabajo que vas a estar metiendo diario a tu cabeza. Es un trabajo duro, es un trabajo diario pero alguien lo tiene que hacer y espero que seas tú. Por tu bien, tu riqueza y tu libertad financiera espero que lo hagas.

CADA PRINCESA/PRÍNCIPE A SU CASTILLO

Platicando alguna vez con mi contador de varias cosas, yo le decía "Oye pero no se supone que 'X' persona tiene que hacer un ajuste con su contabilidad y en sus cuentas fiscales para blah, blah, blah..." y me dijo que sí, pero que cada quien debía de tomar su responsabilidad, y ahí me "cayó el 20" de algo que yo le digo a mis niñas: que cada quien es responsable de sus cosas. Y esto es algo muy fuerte porque cuando yo me di cuenta de que cada quien debe de cargar su propio equipaje, cuando lo aprendí y entendí en mi vida y empecé a soltar muchas cosas. Me di cuenta también de la importancia de programar a mis hijas de la manera correcta, entonces una programación que yo tengo con ellas y se las digo a todos mis alumnos: "Cada quien se hace responsable de sus cosas" y es algo que ya tenemos bien programado en casa, bien programado con mis niñas y ahora te lo digo a ti.

Cada quien se hace responsable de sus cosas, y grábatelo bien, porque a veces queremos cargar con la responsabilidad de los papás, de los hijos o la pareja, y es más de lo que te corresponde, suéltalo porque después te frustra, hace que no disfrutes lo que haces, hace que te mantengas siempre como esclavo o hace que te refugies en el trabajo, en el deporte o en alguna otra cosa en lugar de disfrutar la vida porque estas cargando cosas que no te corresponden. Deja que los demás se hagan cargo de sus propias cosas, si no aprenden, si no saben, no tienes que hacerlo por ellos; a menos que a eso te dediques, si tú te dedicas a resolverle problemas a las personas y te van a pagar por ello, adelante; pero **si no es tu responsabilidad cargar con los problemas de alguien, entonces no los estés cargando, déjaselos y transita libremente por la vida**. Hazte responsable solo de tus cosas, como yo le digo a mis princesas cuando se refieren una a la otra, echando de cabeza la una a la otra diciendo: "mi hermana no se comió la sopa", "mi hermana no se está cambiando", y yo les respondo: "Cada princesa a su castillo" y cada una se hace responsable de sus cosas y nada más.

CADA QUIEN ES COMO PUEDE SER

Cuando tú esperas algo de alguien, muchas veces sufres decepciones, porque esperas que la otra persona sea de alguna forma, y esa forma normalmente es adaptada a como tú eres o te gustaría ser.

Cuando esperas algo específico de alguien, y no lo tienes, se vuelve un círculo vicioso porque te genera una deuda emocional, y vas a estar endeudado toda tu vida, paralizado, y estancado en ese lugar en donde no quieres estar.

Por eso entiende esta gran verdad que es que:

CADA QUIEN ES COMO PUEDE SER

Y ¿cómo puede ser alguien?

Pues de acuerdo a la configuración mental que tiene, su misión de vida, a sus gustos, preferencias, a sus metas de vida... o a sus no metas de vida.

Cuando entiendes esto dejas ya de preocuparte y dejas de decir que aquella persona debería de ser de esta forma, porque no es cierto... NO DEBERÍA DE SER DE NINGUNA FORMA; más bien enfócate en ti, en qué quieres ser, hacer y tener tú, y dedícate a trabajar en tu persona. Recuerda que la única competencia es contigo mismo y sólo necesitas estar evolucionando, porque ese es el motivo por el que estás en este mundo.

Así que grábate esta verdad: CADA QUIEN ES COMO PUEDE SER... o CADA QUIEN ES COMO LE ALCANZA PARA SER, sin juzgar ni menospreciar.

EL PODER DE LA PALABRA YO

El universo está ávido de recibir tus órdenes y deseos precisos y te concede tal cual lo que te pides, pero **debes saber pedir así como saber recibir**.

La manera de pedir inicia con el YO, pero debes tener cuidado con lo que sigue después del YO, si dices "yo QUIERO riqueza" o "yo QUIERO dinero", el universo entiende que lo que deseas sentir es "querer dinero". El universo no interpreta que lo que deseas es dinero, sino que deseas "querer dinero". Entonces se van a presentar situaciones en las que tengas esa sensación de "querer dinero", de ansiarlo, de no poder vivir sin ese dinero.

Por ejemplo, vas bien en tu vida y "de repente" se te pincha una llanta, y como el universo recibió que "quieres dinero", te mandó la pinchadura de llanta; y ahora tienes esa sensación de "querer dinero". Y luego, te sientes más frustrado y no dices que quieres dinero, ahora dices "NECESITO dinero", así que se enferma un ser querido, y entonces se cumple que "necesites dinero".

El universo te concede todo lo que le pides aunque no se lo digas directamente a él (o a Dios), pero él es quien está manifestando todo y el sólo hecho de sentirlo o pensarlo lanza el mensaje al universo para que se manifieste lo que deseas experimentar.

Y ahora que "NECESITAS dinero", si eres positivo dirás que es una lección para aprender, y si eres negativo empezarás a maldecir por lo que te sucede. Pero la verdad es que TODO ES RESPONSABILIDAD TUYA, primero a nivel pensamiento, luego a nivel palabra y después nivel acción. Así que pon atención a todo lo que siga después de la palabra YO porque es lo que estarás creando en tu vida.

Si quieres la fórmula para revertirlo simplemente cambia por YO TENGO y YO SOY, y después aquello que quieras que se manifieste en tu vida. Hazlo con fe y gratitud total, porque si no lo haces así no va a funcionar.

EL PASADO Y EL FUTURO JUNTOS

Aquí una gran verdad: *"Para la mente es lo mismo pensar qué hacer"*

Si tú aprendes a trabajar con tu mente inconsciente de tal manera de que vayas al pasado (por medio de meditación o hipnosis) como por ejemplo, en mi coaching De Emprendedor a Empresario, yo tengo una técnica en donde vas a tu pasado más remoto, vas a donde se gestó todo, a donde inició todo y tú puedes con tu mente cambiar lo que sucedió en aquella ocasión, CAMBIA TU HISTORIA Y CAMBIARÁS TU PRESENTE.

Entonces, si para tu mente es lo mismo pensar que hacer, y tú vas con tu mente al pasado y cambias lo que sucedió, aquel grito de terror que te lanzaron cuando te estabas metiendo el dinero a la boca, o aquella programación que te instalaron cuando pedías dinero a tu padre para comprar algo; si tú vas y cambias eso en tu pasado, en tu presente va a suceder un cambio en tiempo real, así de poderosa es tu mente.

Si de igual manera vas al futuro y creas tu vida ideal, como el ejercicio que hago dentro de mi coaching De Emprendedor a Empresario, donde vas y creas tu día ideal, vives un día como te gustaría vivir, la forma más óptima en qué te gustaría vivir, tu gran sueño de vida, entonces vives ese sueño de vida en el futuro, lo traes al presente y lo revives cada vez para que puedas atraer a ti los recursos necesarios para construir eso en tu presente y para que puedas trabajar de manera consciente ese futuro que creaste hoy con ese ejercicio.

Recuerda, para la mente es lo mismo pensar qué hacer, entonces si tu entrenas a tu mente de que vaya al pasado y cambie la historia, y a que vaya al futuro y traiga las herramientas y recursos necesarios para crear en tu presente las condiciones idóneas para llegar a ese futuro ideal, ya tienes lo que necesitas para vivir una vida más simple, abundante y feliz.

EL TIEMPO ES VERTICAL NO HORIZONTAL

Hace poco comente una idea que tal vez ya habías escuchado, que tal vez te hizo sentido; algunas personas me comentaron que fue algo raro y sorpresivo y quiero continuar hablando de esto porque es interesante que lo logres entender, y es que te voy a decir que EL TIEMPO NO SE MIDE DE MANERA HORIZONTAL, SINO, SE MIDE DE MANERA VERTICAL, esto quiere decir que estás viviendo todos los tiempos al mismo tiempo, el pasado, presente y futuro los puedes vivir al mismo tiempo y puedes ir de manera consciente o inconsciente hacia cualquier época del tiempo.

Es más fácil ir a una época de tu propio tiempo, que a la de alguien más, ¿cómo puedes hacer esto? simplemente entrenando a tu mente.

Entrena tu mente para que vaya al pasado, al futuro, para que vivas esas experiencias que quieres vivir; si tú sigues por ejemplo el entrenamiento que tengo del día ideal, tú vas a tu futuro, creas tu día ideal, lo vives, vives la experiencia, te estás transportando, viajando en el tiempo para vivir la experiencia de lo que es tu idea ideal en ese futuro que ya está existiendo, que ya estás viviendo, luego regresas aquí y empiezas a crear las condiciones necesarias para llegar a ese futuro y si te das cuenta de que en el presente tienes pensamientos que se te instalaron desde el pasado, entonces vas al pasado con tu mente, vas a ese pasado en donde se gestó tus sistema de creencias, y lo cambias a tu antojo, puedes cambiarlo en tiempo real a tu antojo.

Tu cuerpo físico no va a viajar al futuro y al pasado, pero tu cuerpo mental, tu cuerpo astral, o como lo quieras llamar, ese si puede viajar y en tiempo presente vas a hacer esos cambios que requieres; vas a cambiar tus creencias, vas a cambiar tus pensamientos, vas a cambiar tu realidad actual, y así es como construyes la vida de tu sueños.

CONCLUSIONES

Hasta aquí creo que ya tienes ideas suficientes en este libro para poder hacer un cambio radical en tu mentalidad y en tu vida.

Hemos hablado de cosas tan simples que tal vez ya habías escuchado antes como que todos tus pensamientos se manifiestan hasta cosas tan complejas como los viajes en el tiempo. **Lo importante en cada una de estas ideas no es que las creas sino que las experimentes**, porque al experimentar crearás una nueva realidad en tu vida y con ello un nuevo aprendizaje.

Te invito pues a que desafíes tus propias creencias y pruebes algunas de las expresadas en este texto.

Para terminar, te invito a que compartas lo que aquí has aprendido con la mayor cantidad de personas posibles, sólo experimentando la verdad de otras personas podrás acercarte más a crear tu propia verdad.

Deseándote una vida de abundancia y éxito total me despido agendando una cita contigo en el próximo volumen de esta colección de *LO MEJOR DE LOS WHATSAPPAZOS MILLONARIOS DE UINIC CERVANTES*.

Hasta entonces,

Tu amigo,

Uinic Cervantes

APRENDE LAS REGLAS PARA DOMINAR EL JUEGO DEL DINERO DE UNA VEZ POR TODAS POR SOLO

$247 USD.

Decidí "regalar" este entrenamiento por tiempo limitado.

Es uno de los mejores entrenamientos que he diseñado. Lo que vas a aprender en este entrenamiento virtual puede ser más útil y práctico que cualquier curso de negocios o finanzas que hayas tomado antes.

¡Te lo Garantizo!

"Tenía aproximadamente 8 años leyendo... compré un juego de mesa… pero no encontraba una manera de generar dinero rápido o como yo quisiera, si no trabajando más de 8 o 10 horas de Lunes a Viernes…en el curso logre generar 700 dólares en media hora y con eso ya se pagó el curso y sigo generando…" - **Vianey Madero, emprendedora.**

Sólo entra ahora mismo y aprovecha mientras aún se encuentra disponible:

www.uiniccervantes.com/bono-presencial

Tu amigo, Uinic Cervantes

MI FAMOSO COACHING "DE EMPRENDEDOR A EMPRESARIO" POR SOLO 7 pagos de $~~197~~ $97 USD mensuales.

Todo lo que hablo en mis *Whatsappazos Millonarios* está empaquetado en este coaching online de resultados que tendrás a este costo por tiempo limitado.

¡Sino te sirve te regreso tu dinero!

"Las técnicas que me has dado me han ayudado para darme cuenta en qué estoy fallando... es duro pero al menos ya sé que yo soy el responsable de lo que me pasa... tu coaching me ha ayudado mucho." - **César Córdova, emprendedor.**

Entra ya y aprovecha tu precio especial:

http://bit.ly/Entrenamiento_Elite

NOTA: Al inscribirte toma foto y mándala al *Whatsappazo Millonario*